Santa Cecilia, Santa patrona de los músicos
en la tradición cristiana.

Henri Feur, Montaigu de Quercy, 1892.
Fotografía: Stéphane Ternoise.

Cantante, escritor: mismo circo

Del mismo autor* (Du même auteur)

Teatro

Traducción : María del Carmen Pulido Cortijo

Los secretos de maître Pierre, notario rural

Teatro para compañías infantiles

Traducción : María del Carmen Pulido Cortijo

La niña de los 200 peluches
Las chicas se aprovechan
Revelaciones sobre la desaparición de Papa Noel
El león, el avestruz y el zorro
Mirlito prepara el verano
No iremos más al restaurante

Novelas

Le Roman de la Révolution Numérique
Le roman du show-biz et de la sagesse
Quand les familles sans toit sont entrées dans les maisons fermées
Liberté j'ignorais tant de Toi
Viré, viré, viré, même viré du Rmi !
Peut-être un roman autobiographique

Teatro

Neuf femmes et la star
Ça magouille aux assurances
Chanteur, écrivain : même cirque
Amour, sud et chansons
Pourquoi est-il venu
Aventures d'écrivains régionaux
Avant les élections présidentielles
Scènes de campagne, scènes du Quercy
Blaise Pascal serait webmaster

* selección de obras, consultar www.ternoise.net

Stéphane Ternoise

Traducción :
María del Carmen
Pulido Cortijo

Cantante, escritor:
mismo circo

Publicación: 28 de agosto 2014

http://www.ecrivain.es

Jean-Luc Petit éditeur / Collection Théâtre
Colección TEATRO

Stéphane Ternoise

http://www.dramaturge.fr

Site officiel : http://www.ecrivain.pro

© **Jean-Luc PETIT - BP 17 - 46800 Montcuq – France**

Cantante, escritor: mismo circo

Comedia contemporánea en tres actos

Reparto : Dos mujeres y dos hombres.

Tema: un cantante y un escritor, en vacío creativo y profesional, y su compañera.

Decorado: el salón, perfectamente amueblado y mantenido, puerta de entrada a la cocina; un sofá, dos sillas.

El cantante
Chantal: su compañera.
El escritor
Elodie: su compañera.

Tienen entre 25 y 30 años en el acto 1.

San Francisco de Sales, Santo patrón de los
escritores en la tradicción cristiana.

St Blancat, Labastide du Vert, 1935
Fotografía: Stéphane Ternoise.

Acto 1

El cantante y el escritor sentados en el sofá. Dos cervezas vacías sobre la mesa de café, consumirán otras dos durante el acto. Conversaciones entre amigos como ya han tenido cientos.

El cantante: - Mira, Gouriot se ha pasado años en los bares, ha escuchado, se ha conformado con seleccionar, darle forma y se han vendido como rosquillas, sus *Brèves de comptoir*. Si realmente quieres ser reconocido, ser alguién es este medio, tienes que encontrar un tema sólido y proponerlo a un buen editor que te lanzará formidablemente.

El escritor, *un momento, después sonriendo*: - Lo más difícil, todo el mundo lo sabe, es el tema. Pero tú, si realmente quieres ser el cantante de referencia, tienes que encontrar un hueco en el mercado, original. Acuérdate cuando Cabrel llegó a la tele en galochas, con su traje de gascón retrasado y se convirtió en el nuevo principito del "nuevo romanticismo". Cuando eres conocido, haces lo que quieres pero antes hay que darles lo que esperan.

El cantante: -¡Quizás sería mejor cambiar de país!

El escritor: - Si los belgas y los suizos vienen a Francia, en sus países no debe ser más fácil.

El cantante: - El problema es que ahora si no tienes padres conocidos, tienes que hacer diez veces más que los otros para ser tenido en cuenta, en este país.

El escritor: - Estamos en el mismo barco. Es lo mismo en la literatura.

El cantante: - Es muy tarde para empezar con el chino, si no quizás podríamos convertirnos en las primeras estrellas francesas allí.

El escritor: - Siempre puedo buscar una traductora...

El cantante: - No acabaremos nunca si cuentas tonterías. Hay que ser una estrella antes de ser traducido.

El escritor: - Tú mismo lo has dicho, hay que encontrar un buen hueco, y esas cosas, eso a menudo llega cachondeándose. ¡No creas que Gouriot tuvo tuvo su birria de idea genial durante un curso de filosofía!

El cantante: - ¿Qué has escrito esta mañana?

El escritor: - Un historia corta.

El cantante: - Quieres decir una novela, el principio de una pequeña novela, que sabes que vas a abandonar tras veinte páginas, encontrarle una conclusión que se quedará en agua de borrajas.

El escritor: - A veces eras un atrevido, tú que no pasas nunca de tres estrofas, un estribillo.

El cantante: - Es la norma del género.

El escritor: - Léo Ferré hacía a veces tres páginas.

El cantante: - ¡Pero está muerto! ¡No más voz, Ferré! ¡Viva el cantante del futuro! (*Bebe un trago de cerveza*) Entonces, ¿tu novela corta?

El escritor: - Creo que es la primera de una larga serie. Publicar una antología de novelas, te convierte en escritor.

El cantante: - Sabes bien que eso no se vende.

El escritor: - El éxito de la critica, algunos buenos escritos, sabes bien que en Brive simpaticé con nuestro gran cronista de las antogologías de novelas cortas. El dossier de prensa es a menudo tan importante como el contenido.

El cantante: - Seguro, cuando se hace una buena entrada, hay que aprovecharlo.

El escritor: - Además, ahora, con todo la pasta que hay en el cine, todos están a la busca de ideas. Es suficiente con un buen escrito, lo envío a los directores y es el principio de una gran carrera. Podría entonces colocar pequeños textos en las revistas, eso se paga bien.

El cantante: - ¿Entonces, qué cuenta tu novela?

El escritor: - Es la historia del doctor Joker mister Kanter.

El cantante: - Un remake del Doctor Jeckyll y Mister Hyde.

El escritor: - ¡No puede esconderte nada!

El cantante: - Joker, el zumo de frutas, y Kanter, la cerveza.

El escritor: - ¡Bien!

El cantante: - Amplio programa... Un tío de zumo de frutas frente a su familia, de Kanter cuando se escapa...

El escritor: - ¿Cómo lo has adivinado?

El cantante: - Seguramente ya no te acuerdes, un día en el bar, de (sonriendo) "gira", cuando firmé un contrato con la Casa de los Jovenes y de la Cultura de Lille, Roubaix, Dunkerke, Douai, Arras y me habías acompañado como "manager", me lanzaste: "eres realmente un Doctor Joker Mister Kanter".

El escritor: - ¡Entonces... Entonces, crees que a veces escribo lo que te cuento borracho!

El cantante: - No serías el primero.

El escritor: - ¡De todas formas hay que prestar atención! Me podrían birlar mis ideas.

Entrada, sin llamar, de la compañera del escritor, Elodie. Entusiasta (se nota que es un poco forzado) Cuelga su abrigo de un perchero.

Elodie: - ¡Hola señores!

El cantante: - ¡Hola Santa Elodie Nelson!

El escritor: - ¡Hola mujer del gran escritor incomprendido!

Elodie, *sombría por un momento*: - ¿Has recibido una respuesta negativa?

El escritor: - Nada, todavía nada. Tres meses y diez días. Mientras que todos me habían dicho "lo espero con impaciencia".

Elodie: - Estoy segura, *Correos* lo ha perdido todo.

El escritor: - ¿Crees que realmente hay que volver a hacer 6000 fotocopias?

El cantante: - Deberíamos comprarnos una fotocopiadora, en color. A mi también me serviría. Mis carteles son demasiado artesanales. Incluso Pierrot me lo ha echado en cara.

El escritor: - Sabes bien que vale una fortuna.

El cantante: - ¡Para tu cumpleaños! O tal vez podríamos pedírsela a una Mamá Noel.

El escritor: - Sin embargo, me habría apostado la mano a que tendría al menos tres respuestas telefónicas. Habría estado genial poder dejar pasmados a los periodistas con "al día siguiente, tres editores me llamaban, entusiasmados..."

Elodie: - Sabes bien que todo eso son historias. Sabes bien que un escritor inventa lo que quiere para su promoción, y sobre todo lo que considera lo más interesante. Algunos se inventan incluso doscientos manuscritos rechazados antes del primer manuscrito aceptado. Eso les da un lado "obstinado", buscado a veces.

El escritor: - Pero ya no soy un debutante. A mi edad, tener ya dos libros editados, es... el premio Goncourt en algunos años y la Academia Francesa a los 60 años... e incluso el Panteón cuando haya que irse.

El cantante: - ¿Irías realmente a la Academia Francesa?

Elodie: - ¿Y por qué lo rechazaría?

El cantante: - Siempre has echado pestes de esa institución, esa cosa del la Edad Media.

El escritor: - La denigraré hasta el día en que mi nombre circule por los pasillos. Como tú, criticas la Legión de Honor pero estoy seguro de que la aceptarías.

El cantante: - Ehh... ¡Para darle el gusto a mi madre! Pero si ni siquiera me han dado la medalla de la ciudad, a pesar de que soy su mayor esperanza en la canción. Si fuese futbolista, habría bastado con marcar un gol en la final de la Copa de Francia. Quizás deberíamos coger nuestro carné.

El escritor: - Es demasiado arriesgado, imagina que pierden las próximas elecciones.

El cantante: - En cualquier caso, no aquí.

El escritor: Demasiado peligrosa, la política. Un artista debe ser neutro. Las causas humanitarias, desfilar contra la guerra, OK, pero nunca demasiado marcado.

El cantante: - Es verdad, tienes razón. Es solo que en el último Pleno Municipal me volvieron a preguntar si tengo mi carnet.

Elodie: - Venga, os dejo trabajar. (*Sale por la puerta de la cocina*).

El cantante: - ¡Realmente tienes una mujer genial! Te apoyará siempre.

El escritor: - ¿Realmente crees que Chantal se cansará de trabajar para dos?

El cantante: - Ya sabes, asegura: "Ese no es el problema", pero entonces cuál sería el problema, ¿qué siempre pone mala cara? En este país, las mujeres, a parte de la tuya que es una maravilla, siempre te plantan por el dinero. ¡Sin embargo, gana suficiente para dos! Debería saber que un artista necesita tiempo, apoyo.

El escritor: - Chantal, no creo que siempre ponga mala cara.

El cantante: - Pronto estarás de su lado, ¡creer que lo invento! Elodie nunca te hace un reproche. Mientras que yo, ya está, ha vuelto, quiere un niño.

El escritor: - Hay mujeres así... Pero eso va a durar algunos días y después te dejará tranquilo seis meses. No sé, sólo tienes que decirle que pasará justo a la salida de tu próximo disco, y eso no es realmente posible.

El cantante: - ¡Está harta! Dirás, ¡a veces la entiendo! Cuando me pongo en su lugar. Cuando no es el disco, es una gira, cuando no es una gira, es un bajón.

El escritor: - Desde hace tiempo, debería haber entendido que un artista no es un contable. Hay que sufrir antes de triunfar.

El cantante: - Me pregunto si va a salir algún día ese próximo disco.

El escritor: - Sin embargo, el precedente se ha vendido bien.

El cantante: - ¡No es suficiente para esos señores! Incluso han osado decirme, ayer, que era hora de que entrase realmente en Internet Mientras que hace un año, se reían todos de los cantantes y sus pequeñas páginas. ¡Incluso pretendían que "*eso hace la competencia a la venta de CDs*"!

El escritor: - ¡Ya ves! Un día dicen negro, un día blanco, y nosotros estamos ahí, en medio. A veces me pregunto si entienden a los artistas.

El cantante: - Finalmente... Hay que ser realista, ¡saber hacer autocrítica!

El escritor: -¡En ayunas!

El cantante: -¡Sí! ¡Puedo mirar la realidad a la cara incluso en ayunas! Soy un super cantante... ¿Estás de acuerdo?

El escritor: -Lo sabes bien.

El cantante: Soy un super compositor... ¿Estás de acuerdo?

El escritor: Volveremos a llegar a la conclusión de que vivimos una época podrida...

El cantante: -¡Espera! Soy un autor mucho mejor que la mayoría de los autores, pero lo que me haría falta sería un super letrista.

El escritor: - ¡Síí! ¡Buff! ¿Crees que une una canción, el texto es tan importante como pareces creerlo esta noche?

El cantante: - Ojala Gainsbourg y Boris Vian viviesen todavía.

El escritor: - ¿Habrías ido a pedirles un texto?

El cantante: - ¡Nos habríamos pillado una de esas cogorzas. Y entonces habría triunfado... Un día tendremos que trabajar juntos, tu me escribes super letras.

El escritor: - Sabes bien que un escritor no escribe canciones, ese es el trabajo de los letristas.

El cantante: - Hay excepciones.

El escritor: - Ninguna excepción. Si escribes buenas canciones, eras un mal novelista o viceversa, o incluso muy menudo, los escritores payasos escriben malas canciones y malas novelas, algunos incluso añaden mal teatro, mala poesía...

El cantante: - ¿Y Boris Vian?

El escritor: - En vida no vendió trescientos ejemplares de sus novelas. Sabes bien lo que pienso de sus novelas. Está claramente sobrevalorado, era letrista, un buen letrista, te lo concedo.

El cantante: - ¡Entonces será el primer verdadero novelista verdadero letrista!

El escritor: - Has discutido con todos los letristas con los que has intentado trabajar. Incluso las letristas.

El cantante: - ¡Unos gilipollas! ¡Unas gilipollas! No iba a compartir la mitad de los derechos, cuando escribo mucho mejor que ellos.. Todavía no te lo he contado... Por internet, creía haber encontrado uno, esta mañana, uno que vive a sólo cien kilómetros de aquí.

El escritor: - ¿Y no habíamos oído hablar de él antes?

El cantante: - Es verdad que eso debería haberme puesto la mosca tras la oreja como se dice... pero bueno, es conocido en África, ha obtenido un premio de la música allí. Fui a su página, autordecanciones.net, me dije, mira, al fin un tipo que sabe presentarse. Realmente flipé con uno de tus textos, incluso tenía ya una música, algo bastante loco, muy ecologista... la ecología puede ser un buen hueco, ¿no crees?

El escritor: - Estoy seguro que te acuerdas, venga ¡cántamela!

El cantante: - He perdido la música, pero las letras, espera, imprimí eso y debe estar tirado en algún sitio. (*Busca en sus bolsillos y saca una hoja doblada al menos ocho veces y lee*:)

Puesto que no hay razón.

Que caiga la sabiduría sobre los humanos
Puesto que no hay razón.
Que no vayamos donde vamos todo recto
Plantad por tanto en vuestros jardines
Plantad por tanto en mayo en vuestros
balcones
Plátanos y piñas

Y el estribillo:

En algunos decenios
En pleno corazón de París
Les niños de los grandes asnos
Recogerán los plátanos
Durante algunos decenios
Habrá alegría en los puestos
En el Hexágono tropical

El escritor: - ¡Casi Boris Vian pero peor!
El cantante: - ¡Ni siquiera es el tema! El tipo, no ha entendido nunca el mundo de la canción. Boris, él, al menos trabajó con los mejores. Mientras que éste, parece que intenta hacerse enemigos.
El escritor: - ¿Qué te ha contado?
El cantante: No había visto bien su página antes de contactarle, sólo había leído los títulos, pero después volví. ¡Caramba! ¿Prefieres saber lo que dijimos por teléfono o las burradas de su página?
El escritor: - ¡Respeta siempre el orden cronológico!
El cantante: - Le había enviado un mail, me responde, me da su número y hacia mediodía, le llamo. Como está a cien kilómetros, le

18

propongo venir aquí y pasar una tarde en el bar.

El escritor: - ¡Buen plan!

El cantante: - Y, ¡no adivinarás nunca lo que me respondió!

El escritor: - Sólo si tu pagas el champán.

El cantante: - ¡Peor!

El escritor: - ¡Más caro que el champán! ¿Es un finolis?

El cantante: - El señorito, no va nunca al bar, ¡y no adivinarás nunca el porqué!

El escritor: - Tiene una sola pierna o es tonto. Lo que tampoco se lo impediría. Ya los he visto.

El cantante: - Peor en lo absurdo. Escucha un poco esto: *"Me preocupo por mi salud física y psíquica, no voy nunca a este tipo de lugar. Ni a los restaurantes, naturalmente. Los productos industriales me son desaconsejados por mi cerebro"*.

El escritor: - Es tu memoria lo que siempre me ha dejado pasmado.

El cantante: - Un cantante debe tener una memoria de elefante. Y debe haber vivido lo que canta. El vino a veces sabe a corcho, el metro está atestado, la juventud es perversa, la droga adulterada. Si no has conocido estas cosas, no puedes cantarlas. La verdadera vida, es la experiencia.

El escritor: - A veces, sin embargo, hay que imaginar. Si hablas de los buscadores de oro, no los has encontrado.

El cantante: - ¡No, eso se ve en escena, cuando hablas de una cosa que tu no conoces!

Más vale a veces volver sobre el mismo tema que dominas bien, antes que dártelas de "señor sabelotodo".

El escritor: - ¡Entonces deja de hablar de amor!

El cantante: - No digas tonterías, hay temas considerados como "serios", te imaginas, si me echase.

El escritor: - No es posible, te adora.

El cantante: - Pero piensa demasiado. Un día, esto va a acabar mal.

El escritor: - Deberíamos vivir tres con el salario de Elodie.

El cantante: - Eres un verdadero amigo. Pero eso no sería suficiente. No lo conseguiríamos.

El escritor: - Acabaremos por triunfar un día, somos los mejores.

El cantante: - Pero sabes bien que necesito una mujer con la que pueda hacer todo.

El escritor: - Un cantante no tiene ninguna dificultad para encontrar una churri. Por eso todos los jóvenes quieren convertirse en cantantes. Anda, deja de atormentarse con cosas que no llegarán jamás, vuelve a tu "autor de canciones punto net".

El cantante: - Pero está celosa, además. La enfada a veces, pero mierda, si no follo, cómo quieres que hable de ello, y es eso lo que hace soñar a la gente. ¡O quizás no habría que vivir cerca de la facultad! Mi primer gran éxito, será seguro una historia de un tipo adorado por las estudiantes.

El escritor: - Hay que explicarle que es una exigencia profesional.

El cantante: - Entonces, bueno, el autor, le hable de papa Gouriot y sus *Brèves de comptoir*, no pasa un día sin que hablemos de nuestro Jean-Marie. Creo que le voy a dedicar mi próximo disco. Además, así, quizás hablará de ello en su próximo libro, ¡te imaginas la publicidad!

El escritor: - ¡Estoy seguro que no lo conocía!

El cantante: - ¡Ha sacado un libro de la biblioteca! Y osó responderme: "*Eso refleja bien la mediocridad, si lo has leído eso no puede más que alejarte de este tipo de lugar*".

El escritor: - No ha entendido nada. Hay gente así, critican pero no han entendido nada del arte moderno.

El cantante: - Como había visto en su página que había ido a los encuentros de Astaffort, le hablé de ello.

El escritor: - Sólo por eso, finalmente, yo intentaría bien escribir canciones... Pero sabes que está mal visto para un novelista, y sería una lástima tener una mala reputación.

El cantante: - De cualquier manera, ser seleccionado es demasiado difícil. Pero el tipo, ¡ha logrado ser cogido en el primer golpe!

El escritor: - Si es verdad, es que es un enchufado.

El cantante: - ¿Y sabes qué añade? "Un engañabobos, esa cosa, completamente inútil. *En fin, útil si quieres escribir una novela y una obra de teatro en el mundo del espectáculo a la francesa. Pero no serás el primero, yo ya lo he hecho*".

El escritor: - ¡Porque también escribe novelas y teatro! Ves lo que te decía. La realidad siempre confirma mis teorías.

El cantante: - Y en sus páginas, no duda en borrarlo. ¡Preguntándose sobre la pertinencia de subvencionar dichas pseudo-formaciones!

El escritor: - Espera, eso me recuerda a algo, ese tipo de discurso, ¿Cómo se llama tu energúmeno chupatintas?

El cantante: - Ternoise.

El escritor: - ¡Eso es! Es un peligroso revolucionario, al menos un maoísta o un anarcosindicalista. Uno de esos integristas de la independencia, de la autoproducción, la autoedición, un marginal que piensa triunfar denunciando la autocensura de los medios. ¡Como si los medios fuesen a darle el bastón para hacerse golpear!

El cantante: - Claro que sí, a propósito, eso me decía algo. ¡Autoproduccion.info, es él!

El escritor: - Es seguro, cuando se sabe lo que se sabe, eso tiene su razonamiento. Pero esas cosas, eso no aporta nada, escribirlo. Además, es el único que apuesta por ese registro. Debe estar completamente quemado por todas partes. También tiene una revista electrónica. Incluso yo estoy abonado, ¡es decir es gratuita!

El cantante: - La revista electrónica gratuita. Pero sí, también estoy abonado, no lo leo, sólo estoy abonado para saber si habla de mí. Debemos ser numerosos en ese caso, el número de sus abonados sube cada mes, ¡el gilipollas!

El escritor: - Ya decía yo que su nombre me sonaba de algo. Para él, el cine simplemente ha reproducido la deriva de la canción. Pero para el cine, si efectivamente algunos cronistas osan constatar que nuestra producción no es más que una industria al servicio de la pequeña pantalla...

El cantante: - Todos lo sabemos, todo el mundo lo ha entendido: en la tele, los directores sólo están ahí para llenar los soplos. Pero esperando, ¡estaría contento si me cogieran una canción de vez en cuando... Y a ti una novela! Haría mejor viviendo en la tierra y no a saber dónde.

El escritor: - Para él, las radios privadas, en Francia, han engendrado el mismo fenómeno. Después de Mitterrand, la industria del disco vierte su dosis de banalidades en los soplos y los productores considerados independientes son únicamente pequeñas industrias en busca de su parte del pastel.

El cantante: - ¡Entonces lees sus tonterías! No ha entendido nada de la autoproducción, si uno se autoproduce es para encontrar una de las grandes o una independiente, pero no le vamos a criticar incluso si se sabe, rapaces y compañía.

El escritor: - No está equivocado, pero se va a hacer eliminar. Es una cosa que sólo los historiadores podrán contar. Siempre es malo tener razón demasiado pronto. Eso me lo puedes creer. Lo que hay que hacer es apoyar el movimiento, captar lo que espera el gran público. Amélie Nothomb es realmente una campeona para eso. Ella estará en la Academia Francesa.

El cantante: - Ningún periodista serio osará hablar de él, sabe que sería privado inmediatamente de sus invitaciones a los grandes festivales. Ya no osan ni siquiera criticar a un cantante cuando es de una de las grandes. por miedo a que la grande no les envíe más CD, más invitaciones.

El escritor: - De ahí la utilidad de firmar con una grande.

El cantante: - ¡Firmo con las dos manos pero ellos ni siquiera con el índice! ¡El gilipollas que se atrevió a decirme que era demasiado viejo! ¡No lo olvidaré jamás! ¡Cuando le había pagado el restaurante!

El escritor: - Es seguro que hay que soñar, cuando explica que puede vivir de su pluma sin pasar por los editores institucionales.

El cantante: - Pero si tu no tienes editor, no tienes medios. Todo se mantiene.

El escritor: - Pero en su método, un escritor vive de su pluma vendiendo varios miles de ejemplares, sin intermediario. Sabes bien que en un libro, el escritor gana una miseria, él se queda con todo.

El cantante: - ¿Pero para qué sirve eso, vivir, si nadie lo sabe, si no sales en la portada de los periódicos?

El escritor: - Eso es lo que no funciona en su sistema, no ha entendido que un artista, si es realmente un artista, quiere salir en la tele en *prime time*, salir en portada, ser festejado, invitado...

El cantante: - En el ayuntamiento, nos olvidan a menudo, también te has dado cuenta.

El escritor: - Ya verás, el día que seamos estrellas, estarán a nuestros pies... Tendremos nuestra revancha. ¡Se arrastrarán por un autógrafo!

Telón

Acto 2

Mismo decorado. Algunos días más tarde. Elodie y Chantal en el sofá.

Elodie: - ¿Tu crees que es sostenible, está situación?

Chantal: - Pues, le dices no, no, un día voy estallar.... pero cuando le veo en escena..... ¡ahh! ¡Me derrito!.. ¿Y tú? ¿Crees que vas a aguantar?

Elodie: - Igual para el principio... pero cuando leo aunque sólo sea un párrafo... me derrito...

Chantal: - ¡Somos fans!

Elodie: - ¡Tienen suerte!

Chantal: - Y si mañana tienen éxito, ¿crees que nuestras parejas aguantarán? ¿Crees que su cabeza crecerá más y que nos será imposible traerles de vuelta a la tierra?

Elodie: - Mañana miraré en internet si hay algún estudio sobre el tema.

Chantal: - Hay muy pocos escritores y cantantes que realmente vivan de su trabajo como para que eso haya suscitado un estudio.

Elodie: Hay tantos universitarios, no te creas que todos pueden estudiar la homosexualidad en la obra de Marcel Proust

Chantal: - Es muy agradable, encontrarnos aquí, las dos, charlando como cuando teníamos diecisiete años.

Elodie: - Finalmente, en el fondo, te lo confieso. Yo no creía demasiado en ello, nos lo habíamos jurado "encontrar a dos novios amigos y cogeremos un piso para cuatro". ¡Era demasiado bonito!

Chantal: - ¡Los sueños a veces se cumplen! ¡Desgraciadamente!

Elodie: - ¿Desgraciadamente?

Chantal: - No, era para reír, es una referencia a ya no sé quien. A veces olvido el nombre de los escritores, seguramente sea normal pero eso siempre me preocupa.

Elodie : - ¡Ah! Dos princesas invitadas una vez por año al restaurante... Y ¡es esta noche!

Chantal: - ¿Crees que tu hombre ha recibido una respuesta positiva de un editor?

Elodie: - ¿O el tuyo ha firmado con una de las grandes?

Chantal: - ¡No, no habría podido ocultarlo más de cinco minutos! ¡Con el tiempo que hace que sueña con ello! Es verdad que no ha tenido suerte con sus productores, son todos unos podridos que se atiborran de subvenciones y no hacen nada para ayudar a los cantantes... Es verdad que una de las grandes, sería la mejor solución. Ya con los periodistas, sería más fácil. Los festivales también. O entonces, simplemente, se han dado cuenta de que ¡hacía más de un año que no nos invitaban al restaurante!

Elodie: - ¡Eres muy negativa! Sienta bien pensar que "nos van a anunciar una buena noticia".

Chantal: - Además, ellos invitan y nosotras pagamos. De todas formas es una situación rara.

Elodie: - ¡No nos irás a hacer una crisis de feminismo!

Chantal: - Ya te lo he explicado no me importa compartir mi salario. De todas maneras, gano demasiado para lo que hago.

Elodie: - ¿Qué dices?

Chantal: - Cada vez me doy más cuenta. En algunos países, la gente hace trabajos realmente útiles y sólo van tirando con su salario, mientras que yo me contento con dar mi opinión sobre algunos expedientes, ¡incluso cuando no la tengo! Y gano quizás doscientas veces más.

Elodie: - ¡No vas a rehacer el mundo! Ya sabemos que hay injusticias.

Chantal: - Saberlo no es una excusa.

Elodie: - Son los cantantes, escritores, quienes con sus obras hacen el mundo un poco menos cruel, un poco menos injusto, un poco más bello.

Chantal: - Pero no piensan lo que escriben. Ves, ahora que frecuentamos un montón de cantantes, un montón de escritores, lo que más me choca: no viven como escriben. Denuncian el capitalismo, la universalización, pero no piensan más que en triunfar, ganar el máximo de pasta, descender a los palacios.

Elodie: - ¡Es normal! A un artista que no triunfa, no le escucha nadie. Hay que triunfar para poder denunciar el sistema. Si eres un marginal, sólo interesas a los marginales, nunca sales en la tele. Y la televisión, es la única audiencia verdadera.

29

Chantal: Entonces que tenga la honestidad de aplaudir a los grandes jefes cuando les atribuyen una tonelada de opciones-reservas.

Elodie: - Eso no tiene nada que ver.

Chantal: - Pero si, hay que ser creíble, aplicar primero sus bonitas ideas a su propia vida.

Elodie: - A veces eres muy graciosa. A veces diría que no eres de nuestra época. Quizás no te hayas dado cuenta pero tener buenas ideas, escribir obras maestras, no es suficiente, hay que moverse para darlo a conocer. Un cuarto de talento, tres cuartos de sudor. Si permaneces en tu rincón, nadie vendrá a buscarte.

Chantal: -¡Elodie está entonces conectada al principio de la realidad de la sociedad occidental!

Elodie: -Pues, sí, ya no tengo 17 años, si es eso lo que insinúas.

Chantal: - En todo caso, espero que no nos rehagan el golpe del año pasado.

Elodie: - Es verdad que rompiste el ambiente poniendo mala cara. A mi me pareció bastante simpático.

Chantal: - ¡Qué dices! nuestra fiesta anual, intima y tranquila, transformada en una cena de seducción por dos gilipollas quizás ni siquiera productores ni editores.

Elodie: - Ahí exageras. Tenían tarjetas.

Chantal: - ¡Y te crees a los tipos que presentan su tarjeta para hacerse pagar el restaurante!

Elodie: - En ese momento, creí realmente que sería útil.

Chantal: - ¡Qué dices! Estaba claro como un semáforo en rojo: hay centenas de tíos como esos, que viven a expensas de los crédulos como nuestros hombres y tú.

Elodie: - No seas cínica.

Chantal: - ¿Acaso te has creído, desde luego, tú, que invitando al pequeño empleado de un editor, quizás al friegasuelos, al día siguiente iba a firmar, tu hombre?

Elodie: - Los buenos contactos, debes saberlo, son útiles. A mi también, me gustaría que el mundo fuese de otra manera pero sabes que por todas partes hay enchufismo y chanchullos. Sabes, te ha detestado, tu hombre, por ponerle mala cara. No se lo digas, pero me dijo, un año después te lo puedo contar, ya ha prescrito, me dijo que quizás le ponías mala cara porque no había firmado.

Chantal: - ¡El gilipollas! ¡Ni siquiera ha tenido el valor de decírmelo a la cara!

Elodie: - No te he dicho nada. ¡Y además estoy segura de que ya no se acuerda. Fue bajo los efectos del enfado. Sabes bien lo importante que es para él también firmar.

Chantal: - Ves, a veces, estoy harta de todo eso. Soñaba con una vida tranquila, apacible. A mi, en el curro, cuando me dan un expediente, paso de quien lo ha escrito, lo importante, es lo que contiene.

Elodie: - Pero sabes bien que los productores y los editores están tan solicitados, que primero prestarán atención al expediente del tipo simpático.

Chantal: - Los productores como los editores serán los primeros en declararse íntegros y completamente honestos y rectos. Finalmente, sigo prefiriendo mi medio de pequeños burócratas que el mundo del espectáculo. Ves, eso, con diecisiete años, me lo habría creído. Tenía una visión ideal de los artistas. Los burócratas al menos no ocultan sus fracasos tras palabras bonitas.

Elodie: - Eso me tranquiliza, ¡tu también envejeces!

Chantal: - Pero no voy a seguir así muchos años, deberá tomar una decisión...

Elodie: - Todos nuestras compañeras de la facultad, cambiarían sus puesto con el nuestro.

Chantal: - Ese no es el criterio, ¡lo que piensan de nuestra felicidad!

Elodie: - ¿No eres feliz?

Chantal: - Si seguimos con el tema, creo que no acabaremos nunca. Ya te lo he explicado.

"El cantante" y "el escritor" entran, eufóricos.

El cantante: - Genial chicas, esta noche, en nuestra mesa, ¡tendremos al mejor periodista de la región!

El escritor: - ¡Mathieu, el gran Mathieu, en carne y hueso!

Chantal: - ¡Sobre todo en alcohol y papeo consumidos a costa de dos inocentes como vosotros! ¡Si vuelve a empezar, la haréis cuatro vuestra gran fiesta íntima!

El cantante: - Espera, también está Manu, del Consejo Regional, con el en el bolsillo, es seguro, la subvención, la tendré.

Chantal, *coge una chaqueta y sale*: - Entonces seréis cinco, chao.

El cantante: - No os preocupéis, volverá, ¡porque es su turno para pagar!

Telón

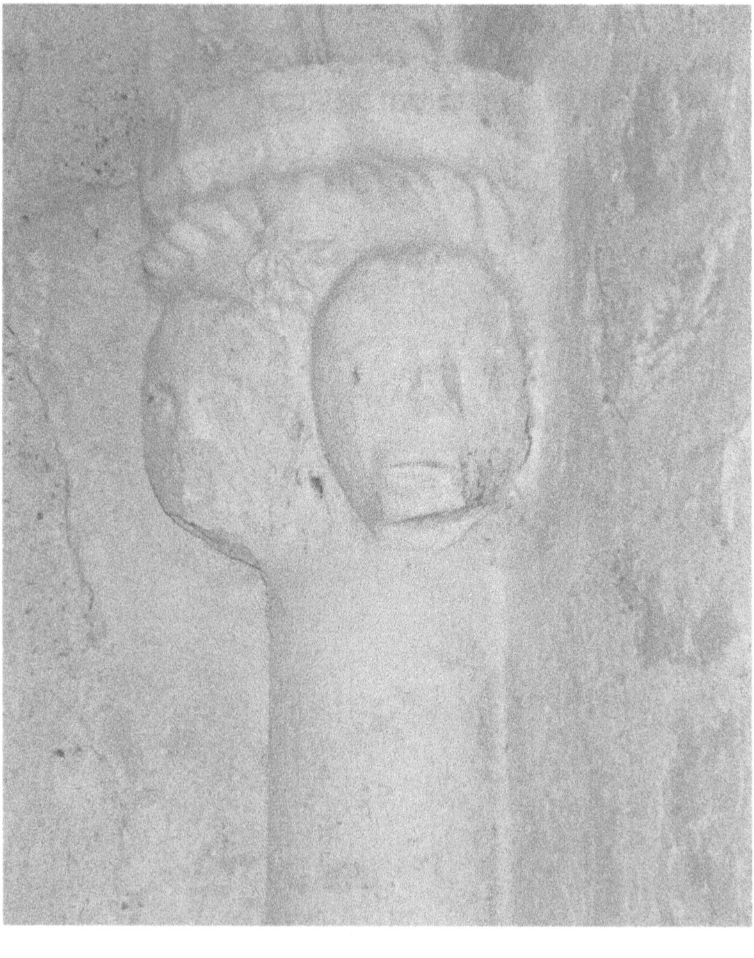

Acto 3

Unos quince años más tarde. En el mismo salón. Pocos cambios Elodie y Chantal sentadas.

Elodie: - ¿Eran… nuestros mejores años, no crees, cuando vivíamos cuatro aquí?.. ¿No crees que nuestros mejores años, los hemos vivido en este viejo sofá? Creo que lo voy a conservar de por vida.
Chantal: - Éramos jóvenes… ¡Simplemente!
Elodie: - Creíamos en ellos, creían en ello.
Chantal: - Estábamos en la edad de la ignorancia.
Elodie: - ¿Qué dices?
Chantal: - La edad de la ignorancia, la juventud, 20 años, 25 años, e incluso 30, y creíamos saberlo todo, pensábamos poder con todo, y sobre todo, creíamos en ellos, los peleles, que pretendían mostrarnos el buen camino.
Elodie: - ¿Estás bien?
Chantal: -No sabemos que rápidamente el futuro esperado se vuelve el presente banal y el presente pasa más rápido al pasado. Y si hemos vivido en la despreocupación, el pasado es un peso, un peso de remordimientos y de arrepentimiento. ¿Sabes eso ahora, tú?
Elodie: - Decididamente intelectualizas demasiado. ¡Hay que vivir, querida! Es el eterno foso entre la gente que vive realmente y los que piensan. ¡Hay que escoger!

Chantal: - Sí, cuando se cree que pensar se opone a vivir.

Elodie: - Sé guay. Antes eras guay.

Chantal: - Era antes cuando no iba bien, cuando avanzaba como una burra.

Elodie: - ¡Ay, dios!, ha pasado algo... ¿Tienes un amante?

Chantal: - Quizás te sorprenda, pero a fuerza de estudiarlos, comienzo realmente a entender a los filósofos.

Elodie: - ¡Ah! ¡Eso es! Ya decía yo que habías cambiado.

Chantal: - Mi pareja habrá sido mi mayor fracaso.

Elodie: - No digas eso... sois felices...

Chantal: - ¡Finalmente, nunca nos hemos amado!

Elodie: - ¡Oh!

Chantal: - Adoraba su imagen, el sueño de chica frívola ante el cantante. La admiración no es un sentimiento honesto. Y para él, siempre he sido la estabilidad, la mujer que le impedía ir demasiado lejos con sus tonterías y además con un buen salario.

Elodie: - ¿Has ido a ver a un psicólogo?

Chantal: - Era antes cuando un psicólogo me habría venido bien. Pero es demasiado tarde, he arruinado por la ignorancia los años en los que una mujer puede tener un hijo.

Elodie: - Hay casos de madres a los 60 años.

Chantal: - No un primer hijo.

Elodie: Pero, sin embargo, estábamos en la misma onda, los cuatro: sería una locura dar vida en un mundo parecido.

Chantal: - Es necesario, en el exterior, coger una máscara para no llorar, a veces... Cuando en tu casa siempre escuchas: el próximo año si encuentro un productor... el próximo año si la gira va bien... el próximo año, si, si, si... y yo, podre tonta... pero en el fondo, no le quería, entonces, no tener un hijo de él no me traumatizaba... y me desperté a mi edad... Te das cuenta... Estamos en los cuarenta... Me voy a ir...

Elodie: - ¡Irte!

Chantal: - Sí, dejarle.

Elodie: - ¿Por qué dices tonterías? ¿Has encontrado un tipo mejor?

Chantal: - Irme. Simplemente irme. Osar la palabra fin. Fin. F.I.N. Y después, todo volverá a ser posible. A veces encontramos a nuestra alma gemela a nuestra edad. No es seguro que sea mi caso pero al menos ya no perderé mi tiempo. Lo peor sería seguir pensando que de todas maneras lo esencial está perdido, pensando que la armonía, no es para mí. ¿Entiendes?

Elodie: - ¡Será un gran golpe para él!.. ¿y crees que es el momento correcto? Han pasado tantos años hasta que se han decidido a escribir un disco juntos, nuestros hombres, eso va a echar por tierra la grabación...

Chantal, *se levanta enfadada*: - ¡Paso! No has entendido nada, ¡se trata de mi vida! Veinte años de mi vida se han esfumado, ¡debería entonces concederle algunos meses para acabar la grabación de un disco que de todas formas no escucharé jamás! ¡Veinte años! ¡Catorce más seis!

Elodie: - Quería decir... ¿lo has pensado bien?

Chantal: - Ya ni me acuerdo de la primera vez que dijimos "no aguantaré mucho tiempo más".

Elodie: - Era para reír. Hablar por hablar.

Chantal: - Pues bien, yo no. ¡He pasado veinte años creyendo en las pamplinas artísticas! Forzándome a creerlo. ¡Pero abre los ojos, también tú! ¡El arte, no tiene nada que ver con todo eso! ¡Lo que desean es el éxito!

Elodie: - ¡Es normal si no tienes éxito, no sirve para nada escribir o cantar!

Chantal: - ¿Y tu vas a permanecer ahí 20 años, tú, esperando que un editor se fije en tu hombre, que un chanchullo le permita obtener el premio Goncourt?

Elodie: - ¿Pero qué has...? ¡No hablábamos de mí!

Chantal: - Como no entiendes nada de lo que te cuento cuando te hablo de mí, ¡quizás lo entenderás mejor si lo trasladas a tu caso! ¡Hemos caído en la misma trampa!

Elodie: - Pero, para, ¿quieres mandar mi pareja a freír espárragos? Yo apoyo a mi hombre, y ¡le apoyaré siempre! ¡Yo no cambio! No es culpa mía si la época está completamente podrida, si ningún editor ha mantenido sus promesas, si los editores prefieren publicar las confidencias de las estrellas antes que interesarse en los verdaderos talentos. No es culpa mía si los directores no mantienen sus promesas, prefieren representar a Molière, cuando sus obras son geniales. ¡Yo creo en su talento, todo sea dicho!

Chantal: - ¿Y tu crees todavía, en el verdadero cantante, el verdadero escritor? Durante ocho años no han pensado en otra cosa: ¡Encontrar un productor y encontrar un editor! Es lo que esperan los directores, lo que esperan los editores, ¡cuántas veces has oído esa frase!

Elodie: - No me harás dudar. ¿Dónde quieres llegar?

Chantal: - ¡Se dejan timar! Se han creído las promesas de los industriales que viven a expensas del arte y de nosotros, pobres idiotas, pequeñas fans cegadas por las lentejuelas, nos lo hemos tragado todo, hemos creído en sus promesas de artistas "diferentes". Deben se millones como ellos, enviando sus manuscritos, sus maquetas, y diciéndose "es exactamente lo que esperan".

Elodie: - ¡Pero la época es así!

Chantal: -¡Claro que no! Los únicos creadores que permanecerán, serán aquellos que no habrán escuchado a los peleles y habrán avanzado, creado una obra.

Elodie: - ¡Cuando veo quien se ha llevado el premio Goncourt, me repugna!

Chantal: - Pero el premio Goncourt, los premios de la música, no tienen nada que ver con el arte, es sólo la agitación de los industriales, un medio para vender algunos productos, persuadiendo al consumidor que deber absolutamente comprarlos, porque es ge-ni-al!

Elodie: - ¿Me quieres desmoralizar?

Chantal: - ¡Sólo abrirte los ojos!

Elodie: - De todas maneras te equivocas de camino, incluso si tuvieses razón con tu hombre, le conoces mejor que yo, no puedes comparar un cantante y un escritor. Un escritor, a los cincuenta, sigue siendo un joven autor. Yo lo creo... Mira Julian Green, con más de 90 años, escribió sus libros más bellos

Chantal: - ¡Pero estaba en un proceso de escritor, de creador! ¡Y además, mala suerte! ¡He venido a decirte adiós!

Elodie: - ¡Adiós! ¡No me digas que vas a hacer una tontería!

Chantal: - Esta mañana, he vendido mi coche.

Elodie: - ¡Oh!

Chantal: - También me he puesto de acuerdo con mi jefe, nos hemos separado sin ruido ni golpes, él lo ha entendido muy bien.

Elodie: - ¡Oh!

Chantal: - El resto lo dejo en el piso, hará con ellos lo que quiera.

Elodie: - ¡No!

Chantal: - Voy a coger un billete de tren y esta noche llegaré a una ciudad en la que nunca he puesto un pie. ¡Al fin estoy libre!

Elodie: - ¡No puedes irte así!

Chantal: - Quizás no me quede allí, quizás me iré a otro lugar. Al fin libre, ¿lo entiendes?

Elodie: - Pero el trabajo, ¿cómo vas a vivir sin trabajar?

Chantal: - Lo sabes bien: puedo vivir fácilmente un año sin trabajar; y en otra ciudad, siempre encontraré otro curro. Quizás esté peor pagado pero eso no tiene ninguna importancia. Lo importante es no dejarse devorar más.

Elodie: - Realmente has cambiado, ya no te conozco.

Chantal: - Quizás sea demasiado tarde para algunas cosas pero no para todas. Continuar sería peor. Dejar que nuestra vida nos engulla, todo eso porque con veinte años nos hemos dejado llevar por el viento.

Elodie: - Si lo entiendo bien, tu me encargas de anunciar la noticia.

Chantal: - Le he dejado una carta.

Elodie: - ¡Pero va a petar! Al menos podrías habérselo confesado mirándole a los ojos. ¡Después de todo lo que habéis vivido!

Chantal: ¡No hemos vivido nada! Hemos cerrado los ojos para dejarnos vivir.

Elodie: - Sigues jugando con las palabras.

Chantal: - He venido para hablar de ti... abrirte los ojos.

Elodie: - ¡Pero estás loca!

Chantal: - Estoy segura de que tu jefe no tendrá ningún problema en romper tu contrato. Y tú también, tú también tienes ahorros. Es nuestro secreto, finalmente, esos pequeños ahorros. ¡Ha llegado la hora de utilizarlos!

Elodie: - ¡Pero estás loca! ¡Paso de los

ahorros! Ahora lo entiendo: ¡habías preparado tu golpe! Nos abandonas porque ya no crees en nosotros.

Chantal: - No te ocultes la realidad, hemos fracasado. Veinte años vacíos.

Elodie: - ¡El dinero! ¡El dinero! ¡Eso es! Además, si no encuentran a un productor para su disco, yo lo pagaré. Eso será una super sorpresa. Yo deseo realmente que su disco exista.

Chantal, *se levanta*: - Entonces, adiós.

Chantal sale sin darse la vuelta. Se cruza con el escritor justo en la puerta. Llega muy sonriente.

El escritor: - Buenos días, Chantal (*la mira salir*)

Elodie: - ¡Se ha ido!

El escritor: - Que le pasa hoy, ¡parece como si no me hubiera visto!

Elodie: - Como siempre, no ve más que a ella.

El escritor: - ¡Cuenta!

Elodie: - Finalmente, siempre has tenido razón, ¡no podemos contar con ella!.. ¡Abandona a su hombre!

El escritor: - ¡No es verdad!

Elodie: - En el momento será un golpe... pero cae bien, finalmente... ¡Severine al fin ha echado a su parado! ¡Era la semana! Será suficiente con organizar una pequeña fiesta el sábado y todo volverá al orden. Y mejor para ella, no estará ahí para nuestro triunfo.

El escritor: - Espera, lo he entendido bien. ¿Le ha dejado de verdad? ¿no es otra de sus comedias?

Elodie: - Ahora filosofa. Tienes razón. su vida sólo es una comedia. Pero pasamos página. Va a ver, era ella la que nos gafaba.

Telón - Fin.

Figeac
Vitrail de Joseph Villiet

44

Aviso legal

Todos los derechos de traducción, reproducción, utilización, interpretación y adaptación están reservados para todos los países, todos los planetas y todos los universos.
Web Oficial : http://www.ecrivain.pro
Obra Original : Chanteur, écrivain : même cirque.

Si desea representar alguna de estas obras, contáctenos a través de nuestra página web:
http://www.ecrivain.es

Stéphane Ternoise: **Cantante, escritor: mismo circo**.
Traducción: María del Carmen Pulido Cortijo.

ISBN 978-2-36541-596-5
EAN 9782365415965
Publicación: 28 de agosto 2014

Dépôt légal à la publication au format ebook du 28 août 2014.

Imprimé par CreateSpace, An Amazon.com Company pour le compte de l'auteur-éditeur indépendant.
livrepapier.com

www.ingramcontent.com/pod-product-compliance
Lightning Source LLC
Chambersburg PA
CBHW060058050426
42448CB00011B/2524